화엄경 제34권(십지품 26-1) 해설

화엄경 제34권에는 십지품이 설해져 있다.

그때 세존이 타화자재천궁 마니보장전에 이르니 모든 보살들(금강장·보장·연화장·덕장·연화덕장·일장·소리야·무구월장)이 보살지에 들어와 큰 원을 세우고 광대심으로 공양·공경·찬탄하였다. 그때 금강장보살이 대지혜광명삼매에 들어 시방 10억 부처님들을 뵙고 십지법문을 설하게 하였다.

① 환희지	② 이구지
③ 발광지	④ 염혜지
⑤ 난승지	⑥ 현전지
⑦ 원행지	⑧ 부동지
⑨ 선혜지	⑩ 법운지

이에 보살들이 10지 법문을 구체적으로 설해 줄 것을 생각하자 해탈월보살이 금강장보살에게 시로써 묻자(pp.23~31) 금강장보살이 시로써 답했다(pp.25~26). 그때 해탈월보살과 금강장보살이 거듭 게송을 읊었다(pp.28~31).

"願說最安隱 ~ 能知此地義"

(pp.34~37)

"雖此衆淨廣智慧 ~ 我愍是等故不說"

그때 부처님께서 미간 백호상으로부터 큰 광명을 놓으니 그 빛 속에서 노래소리가 났다(pp.39~46).

"佛無等等如虛空 ~ 利益一切衆生故"

이에 금강장보살이 게송을 읊고 발원하였다. 그리고 다시 노래 불렀다.

"若人集衆善 ~ 我今已說意" (pp.104~117)

十地品 第二十六之一
십지품 제이십육지일

爾時世尊在他化自在天
이시세존재타화자재천

王宮摩尼寶藏殿與大菩薩
왕궁마니보장전여대보살

衆俱其諸菩薩皆於阿耨多
중구기제보살개어아녹다

羅三藐三菩提不退轉悉從
라삼먁삼보리불퇴전실종

他方世界來集
타방세계래집

住一切菩薩智所住境入
주일체보살지소주경입

一(일)切(체)如(여)來(래)智(지)所(소)入(입)處(처)勤(근)行(행)不(불)
息(식)善(선)能(능)示(시)現(현)種(종)種(종)神(신)通(통)諸(제)所(소)
作(작)事(사)教(교)化(화)調(조)伏(복)一(일)切(체)衆(중)生(생)而(이)
不(불)失(실)時(시)
爲(위)成(성)菩(보)薩(살)一(일)切(체)大(대)願(원)於(어)一(일)
切(체)世(세)一(일)切(체)劫(겁)一(일)切(체)剎(찰)勤(근)修(수)諸(제)
行(행)無(무)暫(잠)懈(해)息(식)具(구)足(족)菩(보)薩(살)福(복)智(지)

助(조) 道(도) 普(보) 益(익) 衆(중) 生(생) 而(이) 恒(항) 不(불) 匱(궤) 到(도)
一(일) 切(체) 菩(보) 薩(살) 智(지) 慧(혜) 方(방) 便(편) 究(구) 竟(경) 彼(피)
岸(안) 示(시) 入(입) 生(생) 死(사) 及(급) 以(이) 涅(열) 槃(반) 而(이) 不(불)
廢(폐) 捨(사) 修(수) 菩(보) 薩(살) 行(행) 善(선) 入(입) 一(일) 切(체) 菩(보)
薩(살) 禪(선) 定(정) 解(해) 脫(탈) 三(삼) 昧(매) 三(삼) 摩(마) 鉢(발) 底(저)
神(신) 通(통) 明(명) 智(지) 諸(제) 所(소) 施(시) 爲(위) 皆(개) 得(득) 自(자)
在(재) 獲(획) 一(일) 切(체) 菩(보) 薩(살) 自(자) 在(재) 神(신) 力(력)

於一念頃無所動作悉能
어일념경무소동작실능

往詣一切如來道場衆會爲
왕예일체여래도량중회위

衆上首請佛說法護持諸佛
중상수청불설법호지제불

正法之輪
정법지륜

以廣大心供養承事一切
이광대심공양승사일체

諸佛常勤修習一切菩薩所
제불상근수습일체보살소

行事業其身普現一切世間
행사업기신보현일체세간

其音普及十方法界
기음보급시방법계

心智無礙普見三世一切
심지무애보견삼세일체

菩薩所有功德悉已修行而
보살소유공덕실이수행이

得圓滿於不可說劫說不能
득원만어불가설겁설불능

盡
진

其名曰金剛藏菩薩寶藏
기명왈금강장보살보장

菩薩蓮華藏菩薩德藏菩薩
보살련화장보살덕장보살

蓮(련)華(화)德(덕)藏(장)菩(보)薩(살)日(일)藏(장)菩(보)薩(살)蘇(소)
利(리)耶(야)藏(장)菩(보)薩(살)無(무)垢(구)月(월)藏(장)菩(보)薩(살)
於(어)一(일)切(체)國(국)土(토)普(보)現(현)莊(장)嚴(엄)藏(장)
菩(보)薩(살)毘(비)盧(로)遮(자)那(나)智(지)藏(장)菩(보)薩(살)妙(묘)
德(덕)藏(장)菩(보)薩(살)栴(전)檀(단)德(덕)藏(장)菩(보)薩(살)華(화)
德(덕)藏(장)菩(보)薩(살)俱(구)蘇(소)摩(마)德(덕)藏(장)菩(보)薩(살)
優(우)鉢(발)羅(라)德(덕)藏(장)菩(보)薩(살)天(천)德(덕)藏(장)菩(보)

光 광		菩 보	垢 구	延 연	德 덕	薩 살
明 명	大 대	薩 살	藏 장	德 덕	藏 장	福 복
王 왕	光 광		菩 보	藏 장	菩 보	德 덕
藏 장	明 명		薩 살	菩 보	薩 살	藏 장
菩 보	網 망		種 종	薩 살	功 공	菩 보
薩 살	藏 장		種 종	無 무	德 덕	薩 살
金 금	菩 보		辯 변	垢 구	藏 장	無 무
莊 장	薩 살		才 재	藏 장	菩 보	礙 애
嚴 엄	淨 정		莊 장	菩 보	薩 살	淸 청
大 대	威 위		嚴 엄	薩 살	那 나	淨 정
功 공	德 덕		藏 장	離 리	羅 라	智 지

德光明王藏菩薩一切相莊
덕광명왕장보살일체상장

嚴淨德藏菩薩金剛焰德相
엄정덕장보살금강염덕상

莊嚴藏菩薩光明焰藏菩薩
장엄장보살광명염장보살

星宿王光照藏菩薩虛空無
성수왕광조장보살허공무

礙智藏菩薩妙音無礙藏菩
애지장보살묘음무애장보

薩陀羅尼功德持一切衆生
살다라니공덕지일체중생

願藏菩薩海莊嚴藏菩薩須
원장보살해장엄장보살수

彌德藏菩薩淨一切功德藏
미덕장보살정일체공덕장

菩薩如來藏菩薩佛德藏菩
보살여래장보살불덕장보

薩解脫月菩薩
살해탈월보살

如是等無數無量無邊無
여시등무수무량무변무

等不可數不可稱不可思不
등불가수불가칭불가사불

可量不可說諸菩薩摩訶薩
가량불가설제보살마하살

衆金剛藏菩薩而爲上首
중금강장보살이위상수

力入菩薩大智慧光明三昧
(력입보살대지혜광명삼매)

爾時金剛藏菩薩承佛神
(이시금강장보살승불신)

入是三昧已卽時十方各過
(입시삼매이즉시시방각과)

十億佛刹微塵數世界外各
(십억불찰미진수세계외각)

有十億佛刹微塵數諸佛同
(유십억불찰미진수제불동)

名金剛藏而現其前作如是
(명금강장이현기전작여시)

言善哉善哉金剛藏乃能入
(언선재선재금강장내능입)

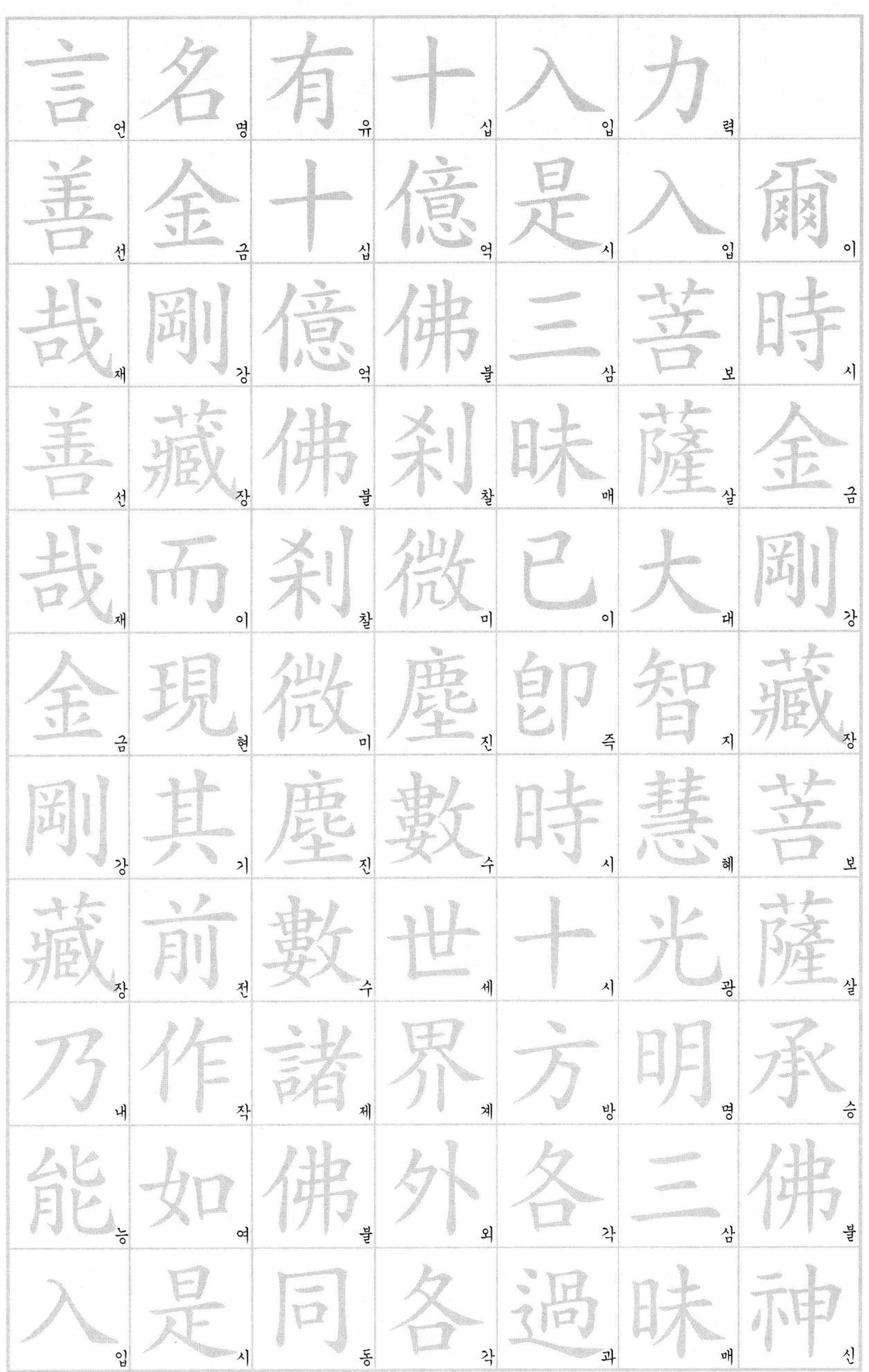

是菩薩大智慧光明三昧
시보살대지혜광명삼매

善男子此是十方各十億
선남자차시시방각십억

佛剎微塵數諸佛共加於汝
불찰미진수제불공가어여

以毘盧遮那如來應正等覺
이비로자나여래응정등각

本願力故威神力故亦是汝
본원력고위신력고역시여

勝智力故欲令汝爲一切菩
승지력고욕령여위일체보

薩說不思議諸佛法光明故
살설불사의제불법광명고

所謂令入智地故攝一切善
소위령입지지고섭일체선

根故善揀擇一切佛法故廣
근고선간택일체불법고광

知諸法故善能說法故無分
지제법고선능설법고무분

別智淸淨故一切世法不染
별지청정고일체세법불염

故出世善根淸淨故得不思
고출세선근청정고득불사

議智境界故得一切智人智
의지경계고득일체지인지

境界故
경계고

又令得菩薩十地始終故
우령득보살십지시종고

如實說菩薩十地差別相故
여실설보살십지차별상고

緣念一切佛法故修習分別
연념일체불법고수습분별

無漏法故善選擇觀察大智
무루법고선선택관찰대지

光明巧莊嚴故善入決定智
광명교장엄고선입결정지

門故隨所住處次第顯說無
문고수소주처차제현설무

所畏故得無礙辯才光明故
소외고득무애변재광명고

사경의 공덕은 십만억 부처님께 공양한 것과 같은 공덕이 있습니다.

住大辯才地善決定故憶念
(주대변재지선결정고억념)

菩薩心不忘失故成熟一切
(보살심불망실고성숙일체)

衆生界故能偏至一切處決
(중생계고능변지일체처결)

定開悟故
(정개오고)

善男子汝當辯說此法門
(선남자여당변설차법문)

差別善巧法所謂承佛神力
(차별선교법소위승불신력)

如來智明所加故淨自善根
(여래지명소가고정자선근)

故 普淨法界故 普攝衆生故
고 보정법계고 보섭중생고

深入法身智身故 受一切
심입법신지신고 수일체

佛灌頂故 得一切世間最高
불관정고 득일체세간최고

大身故 超一切世間道故 淸
대신고 초일체세간도고 청

淨出世善根故 滿足一切智
정출세선근고 만족일체지

智故
지고

爾時 十方諸佛與金剛藏
이시 시방제불여금강장

사경의 공덕은 십만억 부처님께 공양한 것과 같은 공덕이 있습니다.

菩薩無能暎奪身與無礙樂 (보살무능영탈신여무애요)

說辯與善分別淸淨智與善 (설변여선분별청정지여선)

憶念不忘力與善決定明了 (억념불망력여선결정명료)

慧 (혜)

與至一切處開悟智與成 (여지일체처개오지여성)

道自在力與如來無所畏與 (도자재력여여래무소외여)

一切智人觀察分別諸法門 (일체지인관찰분별제법문)

辯才智與一切如來上妙身
변재지여일체여래상묘신

語意具足莊嚴
어의구족장엄

何以故得此三昧法如是
하이고득차삼매법여시

故本願所起故善淨深心故
고본원소기고선정심심고

善淨智輪故善積集助道故
선정지륜고선적집조도고

善修治所作故念其無量法
선수치소작고념기무량법

器故知其清淨信解故得無
기고지기청정신해고득무

錯謬總持故法界智印善印
착류총지고법계지인선인

故
고

爾時十方諸佛各申右手
이시시방제불각신우수

摩金剛藏菩薩頂摩頂已金
마금강장보살정마정이금

剛藏菩薩從三昧起普告一
강장보살종삼매기보고일

切菩薩衆言
체보살중언

諸佛子諸菩薩願善決定
제불자제보살원선결정

無雜不可見廣大如法界究
무잡불가견광대여법계구

竟如虛空盡未來際徧一切
경여허공진미래제변일체

佛刹救護一切衆生爲一切
불찰구호일체중생위일체

諸佛所護入過去未來現在
제불소호입과거미래현재

諸佛智地佛子何等爲菩薩
제불지지불자하등위보살

摩訶薩智地
마하살지지

佛子菩薩摩訶薩智地有
불자보살마하살지지유

十種過去未來現在諸佛已
십종과거미래현재제불이

說當說今說我亦如是說何
설당설금설아역여시설하

等爲十一者歡喜地二者離
등위십일자환희지이자리

垢地三者發光地四者焰慧
구지삼자발광지사자염혜

地五者難勝地六者現前地
지오자난승지육자현전지

七者遠行地八者不動地九
칠자원행지팔자부동지구

者善慧地十者法雲地
자선혜지십자법운지

佛子此菩薩十地三世諸
불자차보살십지삼세제

佛已說當說今說佛子我不
불이설당설금설불자아불

見有諸佛國土其中如來不
견유제불국토기중여래불

說此十地者何以故
설차십지자하이고

此是菩薩摩訶薩向菩提
차시보살마하살향보리

最上道亦是清淨法光明門
최상도역시청정법광명문

所謂分別演說菩薩諸地佛
소위분별연설보살제지불

子此處不可思議所謂諸菩
자차처불가사의소위제보

薩隨證智
살수증지

爾時金剛藏菩薩說此菩
이시금강장보살설차보

薩十地名已默然而住不復
살십지명이묵연이주불부

分別是時一切菩薩衆聞菩
분별시시일체보살중문보

薩十地名不聞解釋咸生渴
살십지명불문해석함생갈

仰作如是念何因何緣金剛
앙작여시념하인하연금강

藏(장)菩(보)薩(살)唯(유)說(설)菩(보)薩(살)十(십)地(지)名(명)而(이)

不(불)解(해)釋(석)解(해)脫(탈)月(월)菩(보)薩(살)知(지)諸(제)大(대)

衆(중)心(심)之(지)所(소)念(염)以(이)頌(송)問(문)金(금)剛(강)藏(장)

菩(보)薩(살)曰(왈)

何(하)故(고)淨(정)覺(각)人(인)
念(염)智(지)功(공)德(덕)具(구)

說(설)諸(제)上(상)妙(묘)地(지)
有(유)力(력)不(불)解(해)釋(석)

一(일)切(체)咸(함)決(결)定(정)
勇(용)猛(맹)無(무)怯(겁)弱(약)

何故說地名
하고설지명

諸地妙義趣
제지묘의취

其心無怯弱
기심무겁약

衆會悉淸淨
중회실청정

能堅固不動
능견고부동

相視咸恭敬
상시함공경

如蜂念好蜜
여봉념호밀

而不爲開演
이불위개연

此衆皆欲聞
차중개욕문

願爲分別說
원위분별설

離懈怠嚴潔
이해태엄결

具功德智慧
구공덕지혜

一切悉專仰
일체실전앙

如渴思甘露
여갈사감로

爾(이)時(시)大(대)智(지)無(무)所(소)畏(외)金(금)剛(강)藏(장)
菩(보)薩(살)聞(문)說(설)是(시)已(이)欲(욕)令(령)衆(중)會(회)心(심)
歡(환)喜(희)故(고)爲(위)諸(제)佛(불)子(자)而(이)說(설)頌(송)言(언)

菩(보)薩(살)行(행)地(지)事(사) 最(최)上(상)諸(제)佛(불)本(본)
顯(현)示(시)分(분)別(별)說(설) 第(제)一(일)希(희)有(유)難(난)
微(미)細(세)難(난)可(가)見(견) 離(이)念(념)超(초)心(심)地(지)
出(출)生(생)佛(불)境(경)界(계) 聞(문)者(자)悉(실)迷(미)惑(혹)

持(지)心(심)如(여)金(금)剛(강)
知(지)心(심)地(지)無(무)我(아)
如(여)空(공)中(중)彩(채)畫(화)
牟(모)尼(니)智(지)如(여)是(시)
我(아)念(념)佛(불)智(지)慧(혜)
世(세)間(간)無(무)能(능)受(수)
爾(이)時(시)解(해)脫(탈)月(월)

深(심)信(신)佛(불)勝(승)智(지)
能(능)聞(문)此(차)勝(승)法(법)
如(여)空(공)中(중)風(풍)相(상)
分(분)別(별)甚(심)難(난)見(견)
最(최)勝(승)難(난)思(사)議(의)
默(묵)然(연)而(이)不(불)說(설)
菩(보)薩(살)聞(문)是(시)說(설)

사경의 공덕은 십만억 부처님께 공양한 것과 같은 공덕이 있습니다.

已白金剛藏菩薩言佛子今
이백금강장보살언불자금

此衆會皆悉已集善淨深心
차중회개실이집선정심심

善潔思念善修諸善行集助
선결사념선수제선행집조

道善能親近百千億佛成就
도선능친근백천억불성취

無量功德善根捨離癡惑無
무량공덕선근사리치혹무

有垢染深心信解於佛法中
유구염심신해어불법중

不隨他教
불수타교

善哉佛子當承佛神力而
선재불자당승불신력이

爲演說此諸菩薩於如是等
위연설차제보살어여시등

甚深之處皆能證知爾時解
심심지처개능증지이시해

脫月菩薩欲重宣其義而說
탈월보살욕중선기의이설

頌曰
송왈

願說最安隱 菩薩無上行
원설최안은 보살무상행

分別於諸地 智淨成正覺
분별어제지 지정성정각

此衆無諸垢 志解悉明潔
차중무제구 지해실명결

承事無量佛 能知此地義
승사무량불 능지차지의

爾時金剛藏 菩薩言佛子
이시금강장 보살언불자

雖此衆集善淨 思念捨離愚
수차중집선정 사념사리우

癡及以疑惑於 甚深法不隨
치급이의혹어 심심법불수

他敎然有其餘 劣解衆生聞
타교연유기여 열해중생문

此甚深難思議 事多生疑惑
차심심난사의 사다생의혹

於長夜中受諸衰惱我愍此
어 장 야 중 수 제 쇠 뇌 아 민 차

等是故默然爾時金剛藏菩
등 시 고 묵 연 이 시 금 강 장 보

薩欲重宣其義而說頌曰
살 욕 중 선 기 의 이 설 송 왈

雖此衆淨廣智慧
수 차 중 정 광 지 혜

甚深明利能決擇
심 심 명 리 능 결 택

其心不動如山王
기 심 부 동 여 산 왕

不可傾覆猶大海
불 가 경 부 유 대 해

有(유)行(행)未(미)久(구)解(해)未(미)得(득)
隨(수)識(식)而(이)行(행)不(불)隨(수)智(지)
聞(문)此(차)生(생)疑(의)墮(타)惡(악)道(도)
我(아)愍(민)是(시)等(등)故(고)不(불)說(설)
爾(이)時(시)解(해)脫(탈)月(월)菩(보)薩(살)重(중)白(백)金(금)
剛(강)藏(장)菩(보)薩(살)言(언)佛(불)子(자)願(원)承(승)佛(불)神(신)
力(력)分(분)別(별)說(설)此(차)不(불)思(사)議(의)法(법)此(차)人(인)

當(당) 得(득) 如(여) 來(래) 護(호) 念(념) 而(이) 生(생) 信(신) 受(수)

何(하) 以(이) 故(고) 說(설) 十(십) 地(지) 時(시) 一(일) 切(체) 菩(보)

薩(살) 法(법) 應(응) 如(여) 是(시) 得(득) 佛(불) 護(호) 念(념) 得(득) 護(호)

念(념) 故(고) 於(어) 此(차) 智(지) 地(지) 能(능) 生(생) 勇(용) 猛(맹) 何(하)

以(이) 故(고) 此(차) 是(시) 菩(보) 薩(살) 最(최) 初(초) 所(소) 行(행) 成(성)

就(취) 一(일) 切(체) 諸(제) 佛(불) 法(법) 故(고) 譬(비) 如(여) 書(서) 字(자)

數(수) 說(설) 一(일) 切(체) 皆(개) 以(이) 字(자) 母(모) 爲(위) 本(본) 字(자)

母究竟無有少分離字母者
모구경무유소분리자모자

佛子一切佛法皆以十地
불자일체불법개이십지

爲本十地究竟修行成就得
위본십지구경수행성취득

一切智是故佛子願爲演說
일체지시고불자원위연설

此人必爲如來所護令其信
차인필위여래소호령기신

受
수

爾時解脫月菩薩欲重宣
이시해탈월보살욕중선

其(기) 義(의) 而(이) 說(설) 頌(송) 曰(왈)

善(선) 哉(재) 佛(불) 子(자) 願(원) 演(연) 說(설)

趣(취) 入(입) 菩(보) 提(리) 諸(제) 地(지) 行(행)

十(시) 方(방) 一(일) 切(체) 自(자) 在(재) 尊(존)

莫(막) 不(불) 護(호) 念(념) 智(지) 根(근) 本(본)

此(차) 安(안) 住(주) 智(지) 亦(역) 究(구) 竟(경)

一(일) 切(체) 佛(불) 法(법) 所(소) 從(종) 生(생)

譬如書數字母攝
비여서수자모섭

如是佛法依於地
여시불법의어지

爾時諸大菩薩衆一時同
이시제대보살중일시동

聲向金剛藏菩薩而說頌言
성향금강장보살이설송언

上妙無垢智 無邊分別辯
상묘무구지 무변분별변

宣暢深美言 第一義相應
선창심미언 제일의상응

念持清淨行 十力集功德
염지청정행 십력집공덕

辯변 才재 分분 別별 義의
定정 戒계 集집 正정 心심
此차 衆중 無무 疑의 念념
如여 渴갈 思사 冷냉 水수
如여 病병 憶억 良량 藥약
我아 等등 亦역 如여 是시
善선 哉재 廣광 大대 智지

說설 此차 最최 勝승 地지
離이 我아 慢만 邪사 見견
惟유 願원 聞문 善선 說설
如여 飢기 念념 美미 食식
如여 蜂봉 貪탐 好호 蜜밀
願원 聞문 甘감 露로 法법
願원 說설 入입 諸제 地지

成성 十십 力력 無무 礙애

善선 逝서 一일 切체 行행

爾이 時시 世세 尊존 從종 眉미 間간 出출 清청 淨정

光광 明명 名명 菩보 薩살 力력 焰염 明명 百백 千천 阿아

僧승 祇기 光광 明명 以이 爲위 眷권 屬속 普보 照조 十시

方방 一일 切체 世세 界계 靡미 不불 周주 徧변 三삼 惡악

道도 苦고 皆개 得득 休휴 息식 又우 照조 一일 切체 如여

來래 衆중 會회 顯현 現현 諸제 佛불 不불 思사 議의 力력

又照十方一切世界一切諸
우조시방일체세계일체제

佛所加說法菩薩之身作是
불소가설법보살지신작시

事已
사이

於上虛空中成大光明雲
어상허공중성대광명운

網臺而住時十方諸佛悉亦
망대이주시시방제불실역

如是從眉間出淸淨光明其
여시종미간출청정광명기

光名號眷屬作業悉同於此
광명호권속작업실동어차

又亦照此娑婆世界佛及
우역조차사바세계불급

大衆幷金剛藏菩薩身師子
대중병금강장보살신사자

座已於上虛空中成大光明
좌이어상허공중성대광명

雲網臺時光臺中以諸佛威
운망대시광대중이제불위

神力故而說頌言
신력고이설송언

佛無等等如虛空
불무등등여허공

十力無量勝功德
십력무량승공덕

人間最勝世中上
인간최승세중상

釋師子法加於彼
석사자법가어피

佛子當承諸佛力
불자당승제불력

開此法王最勝藏
개차법왕최승장

諸地廣智勝妙行
제지광지승묘행

以佛威神分別說
이불위신분별설

若爲善逝力所加
약위선서력소가

當得法寶入其心
당득법보입기심

諸地無垢次第滿
제지무구차제만

亦具如來十種力
역구여래십종력

雖住海水劫火中
수주해수겁화중

堪受此法必得聞
감수차법필득문

其有生疑不信者
기유생의불신자

永不得聞如是義
영불득문여시의

應說諸地勝智道 (응설제지승지도)
入住展轉次修習 (입주전전차수습)
從行境界法智生 (종행경계법지생)
利益一切衆生故 (이익일체중생고)

爾時金剛藏菩薩觀察十 (이시금강장보살관찰시)
方欲令大衆增淨信故而說 (방욕령대중증정신고이설)
頌曰 (송왈)

사경의 공덕은 십만억 부처님께 공양한 것과 같은 공덕이 있습니다.

如來大仙道 (여래대선도)
非念離諸念 (비념리제념)
無生亦無滅 (무생역무멸)
離垢聰慧人 (이구총혜인)
自性本空寂 (자성본공적)
解脫於諸趣 (해탈어제취)
非初非中後 (비초비중후)

微妙難可知 (미묘난가지)
求見不可得 (구견불가득)
性淨恒寂然 (성정항적연)
彼智所行處 (피지소행처)
無二亦無盡 (무이역무진)
涅槃平等住 (열반평등주)
非言辭所說 (비언사소설)

사경의 공덕은 십만억 부처님께 공양한 것과 같은 공덕이 있습니다.

出過於三世 출과어삼세
寂滅佛所行 적멸불소행
地行亦如是 지행역여시
智起佛境界 지기불경계
非蘊界處門 비온계처문
如空中鳥跡 여공중조적
如是十地義 여시십지의

其相如虛空 기상여허공
言說莫能及 언설막능급
難說難可受 난설난가수
非念離心道 비념리심도
智知意不及 지지의불급
難說難可示 난설난가시
心意不能了 심의불능료

慈悲及願力 (자비급원력)
次第圓滿心 (차제원만심)
是境界難見 (시경계난견)
佛力故開演 (불력고개연)
如是智入行 (여시지입행)
我今但略說 (아금단략설)
一心恭敬待 (일심공경대)

出生入地行 (출생입지행)
智行非慮境 (지행비려경)
可知不可說 (가지불가설)
汝等應敬受 (여등응경수)
億劫說不盡 (억겁설부진)
眞實義無餘 (진실의무여)
我承佛力說 (아승불력설)

勝法微妙音 譬喩字相應
승법미묘음 비유자상응

無量佛神力 咸來入我身
무량불신력 함래입아신

此處難宣示 我今說少分
차처난선시 아금설소분

佛子若有衆生 深種善根
불자약유중생 심종선근

善修諸行 善集助道 善供養
선수제행 선집조도 선공양

諸佛 善集白淨法 爲善知識
제불 선집백정법 위선지식

善攝 善淸淨深心 立廣大志
선섭 선청정심심 입광대지

生廣大解慈悲現前
생광대해자비현전

爲求佛智故爲得十力故
위구불지고위득십력고

爲得大無畏故爲得佛平等
위득대무외고위득불평등

法故爲救一切世間故爲淨
법고위구일체세간고위정

大慈悲故爲得十方無餘智
대자비고위득시방무여지

故爲淨一切佛刹無障礙故
고위정일체불찰무장애고

爲一念知一切三世故爲轉
위일념지일체삼세고위전

사경의 공덕은 십만억 부처님께 공양한 것과 같은 공덕이 있습니다.

大法輪無所畏故
대법륜무소외고

佛子菩薩起如是心以大
불자보살기여시심이대

悲爲首智慧增上善巧方便
비위수지혜증상선교방편

所攝最上深心所持
소섭최상심심소지

如來力無量善觀察分別
여래력무량선관찰분별

勇猛力智力無礙智現前隨
용맹력지력무애지현전수

順自然智能受一切佛法以
순자연지능수일체불법이

智(지)慧(혜)教(교)化(화)廣(광)大(대)如(여)法(법)界(계)究(구)竟(경)

如(여)虛(허)空(공)盡(진)未(미)來(래)際(제)

佛(불)子(자)菩(보)薩(살)始(시)發(발)如(여)是(시)心(심)卽(즉)

得(득)超(초)凡(범)夫(부)地(지)入(입)菩(보)薩(살)位(위)生(생)如(여)

來(래)家(가)無(무)能(능)說(설)其(기)種(종)族(족)過(과)失(실)離(리)

世(세)間(간)趣(취)入(입)出(출)世(세)道(도)得(득)菩(보)薩(살)法(법)

住(주)菩(보)薩(살)處(처)入(입)三(삼)世(세)平(평)等(등)於(어)如(여)

사경의 공덕은 십만억 부처님께 공양한 것과 같은 공덕이 있습니다.

無 무	悅 열	多 다		喜 희	菩 보	來 래
鬪 투	多 다	歡 환	佛 불	地 지	薩 살	種 종
諍 쟁	欣 흔	喜 희	子 자	以 이	住 주	中 중
多 다	慶 경	多 다	菩 보	不 부	如 여	決 결
無 무	多 다	淨 정	薩 살	動 동	是 시	定 정
惱 뇌	踊 용	信 신	住 주	相 상	法 법	當 당
害 해	躍 약	多 다	歡 환	應 응	名 명	得 득
多 다	多 다	愛 애	喜 희	故 고	住 주	無 무
無 무	勇 용	樂 락	地 지		菩 보	上 상
瞋 진	猛 맹	多 다	成 성		薩 살	菩 보
恨 한	多 다	適 적	就 취		歡 환	提 리

佛子菩薩住此歡喜地念
불자보살주차환희지념

諸佛故生歡喜念諸佛法故
제불고생환희념제불법고

生歡喜念諸菩薩故生歡喜
생환희념제보살고생환희

念諸菩薩行故生歡喜念淸
염제보살행고생환희념청

淨諸波羅蜜故生歡喜念諸
정제바라밀고생환희념제

菩薩地殊勝故生歡喜念菩
보살지수승고생환희념보

薩不可壞故生歡喜念如來
살불가괴고생환희념여래

歡 환	故 고	境 경	復 부	一 일	衆 중	敎 교
喜 희	生 생	界 계	作 작	切 체	生 생	化 화
近 근	歡 환	故 고	是 시	如 여	得 득	衆 중
智 지	喜 희	生 생	念 념	來 래	利 리	生 생
慧 혜	遠 원	歡 환	我 아	智 지	益 익	故 고
地 지	離 리	喜 희	轉 전	方 방	故 고	生 생
故 고	凡 범	親 친	離 리	便 편	生 생	歡 환
生 생	夫 부	近 근	一 일	故 고	歡 환	喜 희
歡 환	地 지	一 일	切 체	生 생	喜 희	念 념
喜 희	故 고	切 체	世 세	歡 환	念 념	能 능
永 영	生 생	佛 불	間 간	喜 희	入 입	令 령

斷一切惡趣故生歡喜與一
단일체악취고생환희여일

切衆生作依止處故生歡喜
체중생작의지처고생환희

見一切如來故生歡喜生佛
견일체여래고생환희생불

境界中故生歡喜入一切菩
경계중고생환희입일체보

薩平等性中故生歡喜遠離
살평등성중고생환희원리

一切怖畏毛竪等事故生歡
일체포외모수등사고생환

喜
희

何以故此菩薩得歡喜地
하이고차보살득환희지

已所有怖畏悉得遠離所謂
이소유포외실득원리소위

不活畏惡名畏死畏惡道畏
불활외악명외사외악도외

大衆威德畏如是怖畏皆得
대중위덕외여시포외개득

永離
영리

何以故此菩薩離我想故
하이고차보살리아상고

尚不愛自身何況資財是故
상불애자신하황자재시고

無有不活畏不於他所希求
무유불활외불어타소희구

供養唯專給施一切衆生是
공양유전급시일체중생시

故無有惡名畏遠離我見無
고무유악명외원리아견무

有我想是故無有死畏自知
유아상시고무유사외자지

死已決定不離諸佛菩薩
사이결정불리제불보살

是故無有惡道畏我所志
시고무유악도외아소지

樂一切世間無與等者何況
락일체세간무여등자하황

有勝是故無有大衆威德畏
유승시고무유대중위덕외

菩薩如是遠離驚怖毛竪等
보살여시원리경포모수등

事
사

佛子此菩薩以大悲爲首
불자차보살이대비위수

廣大志樂無能沮壞轉更勤
광대지락무능저괴전갱근

修一切善根而得成就
수일체선근이득성취

所謂信增上故多淨信故
소위신증상고다정신고

解(해)清(청)淨(정)故(고)信(신)決(결)定(정)故(고)發(발)生(생)悲(비)
愍(민)故(고)成(성)就(취)大(대)慈(자)故(고)心(심)無(무)疲(피)懈(해)
故(고)慚(참)愧(괴)莊(장)嚴(엄)故(고)成(성)就(취)柔(유)和(화)故(고)
敬(경)順(순)尊(존)重(중)諸(제)佛(불)教(교)法(법)故(고)
日(일)夜(야)修(수)習(습)善(선)根(근)無(무)厭(염)足(족)故(고)
親(친)近(근)善(선)知(지)識(식)故(고)常(상)愛(애)樂(락)法(법)故(고)
求(구)多(다)聞(문)無(무)厭(염)足(족)故(고)如(여)所(소)聞(문)法(법)

사경의 공덕은 십만억 부처님께 공양한 것과 같은 공덕이 있습니다.

正觀察故心無依著故
정관찰고심무의착고

不耽著利養名聞恭敬故
불탐착리양명문공경고

不求一切資生之物故生如
불구일체자생지물고생여

寶心無厭足故求一切智地
보심무염족고구일체지지

故求如來力無畏不共佛法
고구여래력무외불공불법

故
고

求諸波羅蜜助道法故離
구제바라밀조도법고리

諸諂誑故如說能行故常護
제첨광고여설능행고상호

實語故不汙如來家故不捨
실어고불오여래가고불사

菩薩戒故生一切智心如山
보살계고생일체지심여산

王不動故不捨一切世間事
왕부동고불사일체세간사

成就出世間道故
성취출세간도고

集助菩提分法無厭足故
집조보리분법무염족고

常求上上殊勝道佛子菩
상구상상수승도불자보

薩(살)成(성)就(취)如(여)是(시)淨(정)治(치)地(지)法(법)名(명)爲(위)
安(안)住(주)菩(보)薩(살)歡(환)喜(희)地(지)
佛(불)子(자)菩(보)薩(살)住(주)此(차)歡(환)喜(희)地(지)能(능)
成(성)就(취)如(여)是(시)大(대)誓(서)願(원)如(여)是(시)大(대)勇(용)
猛(맹)如(여)是(시)大(대)作(작)用(용)所(소)謂(위)生(생)廣(광)大(대)
清(청)淨(정)決(결)定(정)解(해)以(이)一(일)切(체)供(공)養(양)之(지)
具(구)恭(공)敬(경)供(공)養(양)一(일)切(체)諸(제)佛(불)令(령)無(무)

有餘廣大如法界究竟如虛
유여광대여법계구경여허

空盡未來際一切劫數無有
공진미래제일체겁수무유

休息
휴식

又發大願願受一切佛法
우발대원원수일체불법

輪願攝一切佛菩提願護一
륜원섭일체불보리원호일

切諸佛教願持一切諸佛法
체제불교원지일체제불법

廣大如法界究竟如虛空盡
광대여법계구경여허공진

未(미) 來(래) 際(제) 一(일) 切(체) 劫(겁) 數(수) 無(무) 有(유) 休(휴) 息(식)
又(우) 發(발) 大(대) 願(원) 願(원) 一(일) 切(체) 世(세) 界(계) 佛(불)
興(흥) 于(우) 世(세) 從(종) 兜(도) 率(솔) 天(천) 宮(궁) 歿(몰) 入(입) 胎(태)
住(주) 胎(태) 初(초) 生(생) 出(출) 家(가) 成(성) 道(도) 說(설) 法(법) 示(시)
現(현) 涅(열) 槃(반) 皆(개) 悉(실) 往(왕) 詣(예) 親(친) 近(근) 供(공) 養(양)
爲(위) 衆(중) 上(상) 首(수) 受(수) 行(행) 正(정) 法(법) 於(어) 一(일) 切(체)
處(처) 一(일) 時(시) 而(이) 轉(전) 廣(광) 大(대) 如(여) 法(법) 界(계) 究(구)

사경의 공덕은 십만억 부처님께 공양한 것과 같은 공덕이 있습니다.

竟如虛空盡未來際一切劫
경여허공진미래제일체겁

數無有休息
수무유휴식

又發大願願一切菩薩行
우발대원원일체보살행

廣大無量不壞不雜攝諸波
광대무량불괴불잡섭제바

羅蜜淨治諸地總相別相同
라밀정치제지총상별상동

相異相成相壞相所有菩薩
상이상성상괴상소유보살

行皆如實說教化一切令其
행개여실설교화일체령기

受(수)行(행)心(심)得(득)增(증)長(장)廣(광)大(대)如(여)法(법)界(계)

究(구)竟(경)如(여)虛(허)空(공)盡(진)未(미)來(래)際(제)一(일)切(체)

劫(겁)數(수)無(무)有(유)休(휴)息(식)

又(우)發(발)大(대)願(원)願(원)一(일)切(체)衆(중)生(생)界(계)

有(유)色(색)無(무)色(색)有(유)想(상)無(무)想(상)非(비)有(유)想(상)

非(비)無(무)想(상)卵(난)生(생)胎(태)生(생)濕(습)生(생)化(화)生(생)

三(삼)界(계)所(소)繫(계)入(입)於(어)六(륙)趣(취)一(일)切(체)生(생)

處처 名명 色색 所소 攝섭 如여 是시 等등 類류 我아 皆개
教교 化화 令령 入입 佛불 法법
令영 永영 斷단 一일 切체 世세 間간 趣취 令령 安안
住주 一일 切체 智지 智지 道도 廣광 大대 如여 法법 界계
究구 竟경 如여 虛허 空공 盡진 未미 來래 際제 一일 切체
劫겁 數수 無무 有유 休휴 息식 又우 發발 大대 願원 願원
一일 切체 世세 界계 廣광 大대 無무 量량 麤추 細세 亂란

사경의 공덕은 십만억 부처님께 공양한 것과 같은 공덕이 있습니다.

住(주) 倒(도) 住(주) 正(정) 住(주) 若(약) 入(입) 若(약) 行(행) 若(약) 去(거)
如(여) 帝(제) 網(망) 差(차) 別(별) 十(시) 方(방) 無(무) 量(량) 種(종) 種(종)
不(부) 同(동) 智(지) 皆(개) 明(명) 了(료) 現(현) 前(전) 知(지) 見(견) 廣(광)
大(대) 如(여) 法(법) 界(계) 究(구) 竟(경) 如(여) 虛(허) 空(공) 盡(진) 未(미)
來(래) 際(제) 一(일) 切(체) 劫(겁) 數(수) 無(무) 有(유) 休(휴) 息(식)
又(우) 發(발) 大(대) 願(원) 願(원) 一(일) 切(체) 國(국) 土(토) 入(입)
一(일) 國(국) 土(토) 一(일) 國(국) 土(토) 入(입) 一(일) 切(체) 國(국) 土(토)

無무 量량 佛불 土토 普보 皆개 淸청 淨정 光광 明명 衆중

具구 以이 爲위 莊장 嚴엄 離리 一일 切체 煩번 惱뇌 成성

就취 淸청 淨정 道도 無무 量량 智지 慧혜 衆중 生생 充충

滿만 其기 中중 普보 入입 廣광 大대 諸제 佛불 境경 界계

隨수 衆중 生생 心심 而이 爲위 示시 現현 皆개 令령 歡환

喜희 廣광 大대 如여 法법 界계 究구 竟경 如여 虛허 空공

盡진 未미 來래 際제 一일 切체 劫겁 數수 無무 有유 休휴

사경의 공덕은 십만억 부처님께 공양한 것과 같은 공덕이 있습니다.

息

又發大願願與一切菩薩

同一志行無有怨嫉集諸善

根一切菩薩平等一緣常共

集會不相捨離隨意能現種

種佛身任其自心能知一切

如來境界威力智慧得不退

如意神通遊行一切世界現
여의신통유행일체세계현

形一切衆會普入一切生處
형일체중회보입일체생처

成就不思議大乘修菩薩
성취불사의대승수보살

行廣大如法界究竟如虛空
행광대여법계구경여허공

盡未來際一切劫數無有休
진미래제일체겁수무유휴

息
식

又發大願願乘不退輪行
우발대원원승불퇴륜행

사경의 공덕은 십만억 부처님께 공양한 것과 같은 공덕이 있습니다.

虛 허	菩 보	身 신	則 즉	音 음	若 약	菩 보
空 공	薩 살	得 득	永 영	聲 성	暫 잠	薩 살
盡 진	行 행	如 여	斷 단	則 즉	見 견	行 행
未 미	廣 광	如 여	煩 번	得 득	者 자	身 신
來 래	大 대	意 의	惱 뇌	實 실	則 즉	語 어
際 제	如 여	寶 보	得 득	智 지	必 필	意 의
一 일	法 법	身 신	如 여	慧 혜	定 정	業 업
切 체	界 계	修 수	大 대	纔 재	佛 불	悉 실
劫 겁	究 구	行 행	藥 약	生 생	法 법	不 부
數 수	竟 경	一 일	王 왕	淨 정	暫 잠	唐 당
無 무	如 여	切 체	樹 수	信 신	聞 문	捐 연

有休息
又發大願願於一切世界
成阿耨多羅三藐三菩提不
離一毛端處於一切毛端處
皆悉示現初生出家詣道場
成正覺轉法輪入涅槃
得佛境界大智慧力於念

사경의 공덕은 십만억 부처님께 공양한 것과 같은 공덕이 있습니다.

念中隨一切衆生心示現成
념중수일체중생심시현성

佛令得寂滅以一三菩提知
불령득적멸이일삼보리지

一切法界即涅槃相以一音
일체법계즉열반상이일음

說法令一切衆生心皆歡喜
설법령일체중생심개환희

示入大涅槃而不斷菩薩行
시입대열반이부단보살행

示大智慧地安立一切法以
시대지혜지안립일체법이

法智通神足通幻通自在變
법지통신족통환통자재변

사경의 공덕은 십만억 부처님께 공양한 것과 같은 공덕이 있습니다.

化(화) 充(충) 滿(만) 一(일) 切(체) 法(법) 界(계) 廣(광) 大(대) 如(여) 法(법)

界(계) 究(구) 竟(경) 如(여) 虛(허) 空(공) 盡(진) 未(미) 來(래) 際(제) 一(일)

切(체) 劫(겁) 數(수) 無(무) 有(유) 休(휴) 息(식)

佛(불) 子(자) 菩(보) 薩(살) 住(주) 歡(환) 喜(희) 地(지) 發(발) 如(여)

是(시) 大(대) 誓(서) 願(원) 如(여) 是(시) 大(대) 勇(용) 猛(맹) 如(여) 是(시)

大(대) 作(작) 用(용) 以(이) 此(차) 十(십) 願(원) 門(문) 爲(위) 首(수) 滿(만)

足(족) 百(백) 萬(만) 阿(아) 僧(승) 祇(기) 大(대) 願(원)

佛子此大願以十盡句而
불 자 차 대 원 이 십 진 구 이

得成就何等爲十所謂衆生
득 성 취 하 등 위 십 소 위 중 생

界盡世界盡虛空界盡法界
계 진 세 계 진 허 공 계 진 법 계

盡涅槃界盡佛出現界盡如
진 열 반 계 진 불 출 현 계 진 여

來智界盡心所緣界盡佛智
래 지 계 진 심 소 연 계 진 불 지

所入境界界盡世間轉法轉
소 입 경 계 계 진 세 간 전 법 전

智轉界盡若衆生界盡我願
지 전 계 진 약 중 생 계 진 아 원

사경의 공덕은 십만억 부처님께 공양한 것과 같은 공덕이 있습니다.

乃盡若世界乃至世間轉法
내진약세계내지세간전법

轉智轉界盡我願乃盡而衆
전지전계진아원내진이중

生界不可盡乃至世間轉法
생계불가진내지세간전법

轉智轉界不可盡故我此大
전지전계불가진고아차대

願善根無有窮盡
원선근무유궁진

佛子菩薩發如是大願已
불자보살발여시대원이

則得利益心柔軟心隨順心
즉득리익심유연심수순심

寂(적)靜(정)心(심)調(조)伏(복)心(심)寂(적)滅(멸)心(심)謙(겸)下(하)

心(심)潤(윤)澤(택)心(심)不(부)動(동)心(심)不(불)濁(탁)心(심)成(성)

淨(정)信(신)者(자)有(유)信(신)功(공)用(용)能(능)信(신)如(여)來(래)

本(본)行(행)所(소)入(입)信(신)成(성)就(취)諸(제)波(바)羅(라)蜜(밀)

信(신)入(입)諸(제)勝(승)地(지)信(신)成(성)就(취)力(력)信(신)具(구)

足(족)無(무)所(소)畏(외)信(신)生(생)長(장)不(불)可(가)壞(괴)不(불)

共(공)佛(불)法(법)信(신)不(불)思(사)議(의)佛(불)法(법)信(신)出(출)

生無中邊佛境界信隨入如
생무중변불경계신수입여

來無量境界信成就果擧要
래무량경계신성취과거요

言之信一切菩薩行乃至如
언지신일체보살행내지여

來智地說力故
래지지설력고

佛子此菩薩復作是念諸
불자차보살부작시념제

佛正法如是甚深如是寂靜
불정법여시심심여시적정

如是寂滅如是空如是無相
여시적멸여시공여시무상

癡 치	恒 항	能 능	入 입	邪 사	量 량	如 여
積 적	造 조	自 자	渴 갈	見 견	如 여	是 시
集 집	諸 제	出 출	愛 애	無 무	是 시	無 무
諸 제	趣 취	心 심	網 망	明 명	廣 광	願 원
業 업	受 수	與 여	中 중	覆 부	大 대	如 여
日 일	生 생	慳 간	行 행	翳 예	而 이	是 시
夜 야	因 인	嫉 질	諂 첨	立 입	諸 제	無 무
增 증	緣 연	相 상	誑 광	憍 교	凡 범	染 염
長 장	貪 탐	應 응	稠 조	慢 만	夫 부	如 여
以 이	恚 에	不 불	林 림	高 고	心 심	是 시
忿 분	愚 우	捨 사	不 불	幢 당	墮 타	無 무

사경의 공덕은 십만억 부처님께 공양한 것과 같은 공덕이 있습니다.

恨風吹心識火熾然不息
한풍취심식화치연불식

凡所作業皆顚倒相應欲
범소작업개전도상응욕

流有流無明流見流相續起
류유류무명류견류상속기

意識種子於三界田中復生
의식종자어삼계전중부생

苦芽
고아

所謂名色共生不離此名
소위명색공생불리차명

色增長生六處聚落於中相
색증장생륙처취락어중상

사경의 공덕은 십만억 부처님께 공양한 것과 같은 공덕이 있습니다.

對生觸觸故生受因受生愛
대생촉촉고생수인수생애

愛增長故生取取增長故生
애증장고생취취증장고생

有有生故有生老死憂悲苦
유유생고유생로사우비고

惱如是衆生生長苦趣
뇌여시중생생장고취

是中皆空離我我所無知
시중개공리아아소무지

無覺無作無受如草木石壁
무각무작무수여초목석벽

亦如影像然諸衆生不覺不
역여영상연제중생불각부

知(지)

菩(보)薩(살)見(견)諸(제)衆(중)生(생)於(어)如(여)是(시)苦(고)

聚(취)不(부)得(득)出(출)離(리)是(시)故(고)卽(즉)生(생)大(대)悲(비)

智(지)慧(혜)復(부)作(작)是(시)念(념)此(차)諸(제)衆(중)生(생)我(아)

應(응)救(구)拔(발)置(치)於(어)究(구)竟(경)安(안)樂(락)之(지)處(처)

是(시)故(고)卽(즉)生(생)大(대)慈(자)光(광)明(명)智(지)

佛(불)子(자)菩(보)薩(살)摩(마)訶(하)薩(살)隨(수)順(순)如(여)

是(시)大(대)悲(비)大(대)慈(자)以(이)深(심)重(중)心(심)住(주)初(초)
地(지)時(시)於(어)一(일)切(체)物(물)無(무)所(소)悋(린)惜(석)求(구)
佛(불)大(대)智(지)修(수)行(행)大(대)捨(사)
凡(범)是(시)所(소)有(유)一(일)切(체)能(능)施(시)所(소)謂(위)
財(재)穀(곡)倉(창)庫(고)金(금)銀(은)摩(마)尼(니)眞(진)珠(주)瑠(류)
璃(리)珂(가)貝(패)璧(벽)玉(옥)珊(산)瑚(호)等(등)物(물)珍(진)寶(보)
瓔(영)珞(락)嚴(엄)身(신)之(지)具(구)象(상)馬(마)車(거)乘(승)奴(노)

婢人民城邑聚落園林臺觀
비인민성읍취락원림대관

妻妾男女內外眷屬及餘所
처첩남녀내외권속급여소

有珍玩之具頭目手足血肉
유진완지구두목수족혈육

骨髓一切身分皆無所惜爲
골수일체신분개무소석위

求諸佛廣大智慧
구제불광대지혜

是名菩薩住於初地大捨
시명보살주어초지대사

成就佛子菩薩以此慈悲大
성취불자보살이차자비대

施心爲欲救護一切衆生轉
시심위욕구호일체중생전

更推求世出世間諸利益事
갱추구세출세간제리익사

無疲厭故卽得成就無疲厭
무피염고즉득성취무피염

心得無疲厭心已於一切經
심득무피염심이어일체경

論心無怯弱無怯弱故卽得
론심무겁약무겁약고즉득

成就一切經論智
성취일체경론지

獲是智已善能籌量應作
획시지이선능주량응작

不應作於上中下一切衆生
隨應隨力隨其所習如是而
行
是故菩薩得成世智成世
智已知時知量以慚愧莊嚴
勤修自利利他之道是故成
就慚愧莊嚴於此行中勤修

사경의 공덕은 십만억 부처님께 공양한 것과 같은 공덕이 있습니다.

出(출)離(리)不(불)退(퇴)不(부)轉(전)成(성)堅(견)固(고)力(력)得(득)
堅(견)固(고)力(력)已(이)勤(근)供(공)諸(제)佛(불)於(어)佛(불)敎(교)
法(법)能(능)如(여)說(설)行(행)

佛(불)子(자)菩(보)薩(살)如(여)是(시)成(성)就(취)十(십)種(종)
淨(정)諸(제)地(지)法(법)所(소)謂(위)信(신)悲(비)慈(자)捨(사)無(무)
有(유)疲(피)厭(염)知(지)諸(제)經(경)論(론)善(선)解(해)世(세)法(법)
慚(참)愧(괴)堅(견)固(고)力(력)供(공)養(양)諸(제)佛(불)依(의)敎(교)

修(수) 行(행)

佛(불) 子(자) 菩(보) 薩(살) 住(주) 此(차) 歡(환) 喜(희) 地(지) 已(이)

以(이) 大(대) 願(원) 力(력) 得(득) 見(견) 多(다) 佛(불) 所(소) 謂(위) 見(견)

多(다) 百(백) 佛(불) 多(다) 千(천) 佛(불) 多(다) 百(백) 千(천) 佛(불) 多(다)

億(억) 佛(불) 多(다) 百(백) 億(억) 佛(불) 多(다) 千(천) 億(억) 佛(불) 多(다)

百(백) 千(천) 億(억) 佛(불)

多(다) 億(억) 那(나) 由(유) 他(타) 佛(불) 多(다) 百(백) 億(억) 那(나)

由他佛多千億那由他佛多
유타불다천억나유타불다

百千億那由他佛悉以大心
백천억나유타불실이대심

深心恭敬尊重承事供養衣
심심공경존중승사공양의

服飲食臥具醫藥一切資生
복음식와구의약일체자생

悉以奉施
실이봉시

亦以供養一切衆僧以此
역이공양일체중승이차

善根皆悉迴向無上菩提佛
선근개실회향무상보리불

子(자)此(차)菩(보)薩(살)因(인)供(공)養(양)諸(제)佛(불)故(고)得(득)

成(성)就(취)衆(중)生(생)法(법)以(이)前(전)二(이)攝(섭)攝(섭)取(취)

衆(중)生(생)謂(위)布(보)施(시)愛(애)語(어)後(후)二(이)攝(섭)法(법)

但(단)以(이)信(신)解(해)力(력)故(고)行(행)未(미)善(선)通(통)達(달)

是(시)菩(보)薩(살)十(십)波(바)羅(라)蜜(밀)中(중)檀(단)波(바)羅(라)

蜜(밀)增(증)上(상)餘(여)波(바)羅(라)蜜(밀)非(비)不(불)修(수)行(행)

但(단)隨(수)力(력)隨(수)分(분)

數 삭		隨 수	切 체	地 지	佛 불	
數 삭	佛 불	意 의	智 지	法 법	教 교	是 시
入 입	子 자	堪 감	地 지	所 소	化 화	菩 보
火 화	譬 비	用 용	轉 전	有 유	衆 중	薩 살
轉 전	如 여		轉 전	善 선	生 생	隨 수
轉 전	金 금		明 명	根 근	皆 개	所 소
明 명	師 사		淨 정	悉 실	以 이	勤 근
淨 정	善 선		調 조	以 이	修 수	修 수
調 조	巧 교		柔 유	廻 회	行 행	供 공
柔 유	鍊 련		成 성	向 향	淸 청	養 양
成 성	金 금		就 취	一 일	淨 정	諸 제

就취 隨수 意의 堪감 用용 菩보 薩살 亦역 復부 如여 是시
供공 養양 諸제 佛불 教교 化화 衆중 生생 皆개 爲위 修수
行행 清청 淨정 地지 法법 所소 有유 善선 根근 悉실 以이
迴회 向향 一일 切체 智지 地지 轉전 轉전 明명 淨정 調조
柔유 成성 就취 隨수 意의 堪감 用용
佛불 子자 菩보 薩살 摩마 訶하 薩살 住주 於어 初초
地지 應응 從종 諸제 佛불 菩보 薩살 善선 知지 識식 所소

推(추)求(구)請(청)問(문)於(어)此(차)地(지)中(중)相(상)及(급)得(득)
果(과)無(무)有(유)厭(염)足(족)爲(위)欲(욕)成(성)就(취)此(차)地(지)
法(법)故(고)

亦(역)應(응)從(종)諸(제)佛(불)菩(보)薩(살)善(선)知(지)識(식)
所(소)推(추)求(구)請(청)問(문)第(제)二(이)地(지)中(중)相(상)及(급)
得(득)果(과)無(무)有(유)厭(염)足(족)爲(위)欲(욕)成(성)就(취)彼(피)
地(지)法(법)故(고)

亦(역)應(응)如(여)是(시)推(추)求(구)請(청)問(문)第(제)三(삼)
第(제)四(사)第(제)五(오)第(제)六(륙)第(제)七(칠)第(제)八(팔)第(제)
九(구)第(제)十(십)地(지)中(중)相(상)及(급)得(득)果(과)無(무)有(유)
厭(염)足(족)爲(위)欲(욕)成(성)就(취)彼(피)地(지)法(법)故(고)
是(시)菩(보)薩(살)善(선)知(지)諸(제)地(지)障(장)對(대)治(치)
善(선)知(지)地(지)成(성)壞(괴)善(선)知(지)地(지)相(상)果(과)善(선)
知(지)地(지)得(득)修(수)善(선)知(지)地(지)法(법)清(청)淨(정)善(선)

知(지)地(지)地(지)轉(전)行(행)善(선)知(지)地(지)地(지)處(처)非(비)

處(처)善(선)知(지)地(지)地(지)殊(수)勝(승)智(지)善(선)知(지)地(지)

地(지)不(불)退(퇴)轉(전)善(선)知(지)淨(정)治(치)一(일)切(체)菩(보)

薩(살)地(지)乃(내)至(지)轉(전)入(입)如(여)來(래)地(지)

佛(불)子(자)菩(보)薩(살)如(여)是(시)善(선)知(지)地(지)相(상)

始(시)於(어)初(초)地(지)起(기)行(행)不(부)斷(단)如(여)是(시)乃(내)

至(지)入(입)第(제)十(십)地(지)無(무)有(유)斷(단)絶(절)由(유)此(차)

諸地智光明故成於如來智
제지지광명고성어여래지

慧光明
혜광명

佛子譬如商主善知方便
불자비여상주선지방편

欲將諸商人往詣大城未發
욕장제상인왕예대성미발

之時先問道中功德過失及
지시선문도중공덕과실급

住止之處安危可不然後具
주지지처안위가불연후구

道資糧作所應作
도자량작소응작

佛子彼大商主雖未發足
불자피대상주수미발족

能知道中所有一切安危之
능지도중소유일체안위지

事善以智慧籌量觀察備其
사선이지혜주량관찰비기

所須令無乏少將諸商衆乃
소수령무핍소장제상중내

至安隱到彼大城身及衆人
지안은도피대성신급중인

悉免憂患
실면우환

佛子菩薩商主亦復如是
불자보살상주역부여시

住於初地善知諸地障對治
주어초지선지제지장대치

乃至善知一切菩薩地清淨
내지선지일체보살지청정

轉入如來地然後乃具福智
전입여래지연후내구복지

資糧
자량

將一切衆生經生死曠野
장일체중생경생사광야

險難之處安隱得至薩婆若
험난지처안은득지살바야

城身及衆生不經患難是故
성신급중생불경환난시고

菩薩常應匪懈勤修諸地殊
보살상응비해근수제지수

勝淨業乃至趣入如來智地
승정업내지취입여래지지

佛子是名略說菩薩摩訶
불자시명략설보살마하

薩入菩薩初地門廣說則有
살입보살초지문광설즉유

無量無邊百千阿僧祇差別
무량무변백천아승기차별

事
사

佛子菩薩摩訶薩住此初
불자보살마하살주차초

地多作閻浮提王豪貴自在
지다작염부제왕호귀자재

常護正法能以大施攝取衆
상호정법능이대시섭취중

生善除衆生慳貪之垢常行
생선제중생간탐지구상행

大施無有窮盡布施愛語利
대시무유궁진보시애어리

行同事如是一切諸所作業
행동사여시일체제소작업

皆不離念佛不離念法不離
개불리념불불리념법불리

念僧不離念同行菩薩
념승불리념동행보살

不離念菩薩行不離念諸
불리념보살행불리념제

波羅蜜不離念諸地不離念
바라밀불리념제지불리념

力不離念無畏不離念不共
력불리념무외불리념불공

佛法乃至不離念具足一切
불법내지불리념구족일체

種一切智智
종일체지지

復作是念我當於一切衆
부작시념아당어일체중

生中爲首爲勝爲殊勝爲妙
생중위수위승위수승위묘

爲微妙爲上爲無上爲導爲
위미묘위상위무상위도위

將爲帥乃至爲一切智智依
장위수내지위일체지지의

止者
지자

是菩薩若欲捨家於佛法
시보살약욕사가어불법

中勤行精進便能捨家妻子
중근행정진편능사가처자

五欲依如來敎出家學道旣
오욕의여래교출가학도기

出家已勤行精進於一念頃
출가이근행정진어일념경

得百三昧得見百佛知百佛
神力能動百佛世界能過百
佛世界能照百佛世界能教
化百佛世界衆生能住壽百
劫

能知前後際各百劫事能
入百法門能示現百身於一

사경의 공덕은 십만억 부처님께 공양한 것과 같은 공덕이 있습니다.

一身能示百菩薩以爲眷屬
若以菩薩殊勝願力自在示
現過於是數百劫千劫百千
劫乃至百千億那由他劫不
能數知

爾時金剛藏菩薩欲重宣
其義而說頌言

若人集衆善(약인집중선)
供養天人尊(공양천인존)
信解極廣大(신해극광대)
爲求佛智慧(위구불지혜)
淨一切智力(정일체지력)
成就諸佛法(성취제불법)
爲得大慈悲(위득대자비)

具足白淨法(구족백정법)
隨順慈悲道(수순자비도)
志樂亦清淨(지락역청정)
發此無上心(발차무상심)
及以無所畏(급이무소외)
救攝群生衆(구섭군생중)
及轉勝法輪(급전승법륜)

嚴淨佛國土 엄정불국토
一念知三世 일념지삼세
種種時不同 종종시부동
略說求諸佛 약설구제불
發生廣大心 발생광대심
悲先慧爲主 비선혜위주
信解淸淨心 신해청정심

發此最勝心 발차최승심
而無有分別 이무유분별
以示於世間 이시어세간
一切勝功德 일체승공덕
量等虛空界 양등허공계
方便共相應 방편공상응
如來無量力 여래무량력

無(무)礙(애)智(지)現(현)前(전)
具(구)足(족)同(동)如(여)來(래)
佛(불)子(자)始(시)發(발)生(생)
則(즉)超(초)凡(범)夫(부)位(위)
生(생)在(재)如(여)來(래)家(가)
與(여)佛(불)共(공)平(평)等(등)
纔(재)生(생)如(여)是(시)心(심)

自(자)悟(오)不(불)由(유)他(타)
發(발)此(차)最(최)勝(승)心(심)
如(여)是(시)妙(묘)寶(보)心(심)
入(입)佛(불)所(소)行(행)處(처)
種(종)族(족)無(무)瑕(하)玷(점)
決(결)成(성)無(무)上(상)覺(각)
卽(즉)得(득)入(입)初(초)地(지)

사경의 공덕은 십만억 부처님께 공양한 것과 같은 공덕이 있습니다.

志樂不可動 지락불가동
多喜多愛樂 다희다애락
極大勇猛心 극대용맹심
遠離於鬪諍 원리어투쟁
慚敬而質直 참경이질직
救世無等者 구세무등자
此處我當得 차처아당득

譬如大山王 비여대산왕
亦復多淨信 역부다정신
及以慶躍心 급이경약심
惱害及瞋恚 뇌해급진에
善守護諸根 선수호제근
所有衆智慧 소유중지혜
憶念生歡喜 억념생환희

始得入初地 (시득입초지)
不活死惡名 (불활사악명)
以不貪著我 (이불탐착아)
是諸佛子等 (시제불자등)
常行大慈愍 (상행대자민)
慚愧功德備 (참괴공덕비)
樂法眞實利 (낙법진실리)

卽超五怖畏 (즉초오포외)
惡趣衆威德 (악취중위덕)
及以於我所 (급이어아소)
遠離諸怖畏 (원리제포외)
恒有信恭敬 (항유신공경)
日夜增善法 (일야증선법)
不愛受諸欲 (불애수제욕)

思惟所聞法 (사유소문법)
不貪於利養 (불탐어리양)
一心求佛智 (일심구불지)
修行波羅蜜 (수행바라밀)
如說而修行 (여설이수행)
不汙諸佛家 (불오제불가)
不樂於世事 (불락어세사)

遠離取著行 (원리취착행)
唯樂佛菩提 (유락불보리)
專精無異念 (전정무이념)
遠離諂虛誑 (원리첨허광)
安住實語中 (안주실어중)
不捨菩薩戒 (불사보살계)
常利益世間 (상리익세간)

修善無厭足 (수선무염족)
如是好樂法 (여시호락법)
恒起大願心 (항기대원심)
護持諸佛法 (호지제불법)
常生如是願 (상생여시원)
成熟諸群生 (성숙제군생)
一切諸佛刹 (일체제불찰)

轉求增勝道 (전구증승도)
功德義相應 (공덕의상응)
願見於諸佛 (원견어제불)
攝取大仙道 (섭취대선도)
修行最勝行 (수행최승행)
嚴淨佛國土 (엄정불국토)
佛子悉充滿 (불자실충만)

平等共一心 (평등공일심)
一切毛端處 (일체모단처)
如是等大願 (여시등대원)
虛空與衆生 (허공여중생)
世間佛出興 (세간불출흥)
如來智所入 (여래지소입)
彼諸若有盡 (피제약유진)

所作皆不空 (소작개불공)
一時成正覺 (일시성정각)
無量無邊際 (무량무변제)
法界及涅槃 (법계급열반)
佛智心境界 (불지심경계)
及以三轉盡 (급이삼전진)
我願方始盡 (아원방시진)

如彼無盡期 (여피무진기)
如是發大願 (여시발대원)
能信佛功德 (능신불공덕)
知從因緣起 (지종인연기)
如是苦衆生 (여시고중생)
爲是衆生故 (위시중생고)
王位及珍寶 (왕위급진보)

我願亦復然 (아원역부연)
心柔軟調順 (심유연조순)
觀察於衆生 (관찰어중생)
則興慈念心 (즉흥자념심)
我今應救脫 (아금응구탈)
而行種種施 (이행종종시)
乃至象馬車 (내지상마거)

頭目與手足 (두목여수족)
一切皆能捨 (일체개능사)
求種種經書 (구종종경서)
善解其義趣 (선해기의취)
慚愧自莊嚴 (참괴자장엄)
供養無量佛 (공양무량불)
如是常修習 (여시상수습)

乃至身血肉 (내지신혈육)
心得無憂悔 (심득무우회)
其心無厭倦 (기심무염권)
能隨世所行 (능수세소행)
修行轉堅固 (수행전견고)
恭敬而尊重 (공경이존중)
日夜無懈倦 (일야무해권)

善根轉明淨
선근전명정

菩薩住於此
보살주어차

所作無障礙
소작무장애

譬如大商主
비여대상주

問知道險易
문지도험이

菩薩住初地
보살주초지

勇猛無障礙
용맹무장애

如火鍊眞金
여화련진금

淨修於十地
정수어십지

具足不斷絕
구족부단절

爲利諸商衆
위리제상중

安隱至大城
안은지대성

應知亦如是
응지역여시

到於第十地
도어제십지

사경의 공덕은 십만억 부처님께 공양한 것과 같은 공덕이 있습니다.

住此初地中
以法化衆生
統領閻浮地
皆令住大捨
欲求最勝道
能於佛教中
則得百三昧

作大功德王
慈心無損害
化行靡不及
成就佛智慧
捨已國王位
勇猛勤修習
及見百諸佛

震動百世界 (진동백세계)
化百土衆生 (화백토중생)
能知百劫事 (능지백겁사)
及現百菩薩 (급현백보살)
若自在願力 (약자재원력)
我於地義中 (아어지의중)
若欲廣分別 (약욕광분별)

光照行亦爾 (광조행역이)
入於百法門 (입어백법문)
示現於百身 (시현어백신)
以爲其眷屬 (이위기권속)
過是數無量 (과시수무량)
略述其少分 (약술기소분)
億劫不能盡 (억겁불능진)

사경의 공덕은 십만억 부처님께 공양한 것과 같은 공덕이 있습니다.

菩(보)薩(살)最(최)勝(승)道(도)

利(이)益(익)諸(제)群(군)生(생)

如(여)是(시)初(초)地(지)法(법)

我(아)今(금)已(이)說(설)竟(경)

發 願 文

귀의 삼보하옵고
거룩하신 부처님께 발원하옵나이다.

주　소 :

전　화 :　　　　불명 :　　　　성명 :

불기 25　　년　　월　　일